365

NOTES

001

002

003

004

005

006

007

008

009

010

011

012

014

015

016

017

021

O23

024

026

027

028

029

031

032

033

034

035

036

038

039

040

041

043

044

045

047

048

049

050

053

054

055

056

057

059

060

061

063

064

065

066

067

069

070

071

075

078

083

084

085

086

087

091

093

095

100

103

107

111

113

116

117

120

123

125

127

128

131

133

134

135

137

139

140

141

142

143

144

147

148

149

150

151

153

154

158

159

160

163

165

167

169

172

177

179

186

187

189

191

192

193

194

195

199

200

201

203

205

207

210

211

213

217

219

221

223

225

227

228

234

235

237

239

240

241

242

243

244

246

247

248

249

250

251

252

253

254

255

256

257

258

259

261

263

265

269

270

273

275

277

278

281

283

285

291

292

294

299

300

302

303

304

305

306

307

308

309

310

311

312

313

314

315

316

317

320

321

322

325

326

330

331

333

334

335

337

338

340

341

343

344

345

346

347

348

350

351

353

354

355

356

357

358

359

360

361

362

363

364

365

366

NOTES

NOTES

Made in the USA
Middletown, DE
07 September 2023

38149526R00205